JN418912

철새의 기억

철새의 기억

초판 1쇄 발행 2023년 8월 14일

지은이 이원문

펴낸이 임병천
펴낸곳 책나무출판사
출판신고 2004년 4월 22일 (제318-00034)

주소 서울시 영등포구 신길3동 325-70 3F
전화 02-338-1228 **팩스** 0505-866-8254
홈페이지 www.booktree.info

ISBN 978-89-6339-704-7 03810

철새의 기억

이원문 시집

책나무출판사

목차

1부

2부

3부

4부

• 1부 •

보내는 가을

귀뚜라미 울음에 찾아온 가을인가
단풍 곱게 물들어 깊어지는가 싶더니
어느새 이 가을도 저물어간다
바닥 드러나는 들녘에 차가운 바람
단풍잎도 하나 둘 가랑잎으로 구르고
노란 들국화 언덕 위에 춥다

시월이 저물면 가을도 저무는가
된 서리 비 바람에 떨어져야 할 단풍잎
그것이 한해이고 나무의 모두였다면
들국화의 모두는 언제일 것인가
바람 쓸쓸히 나뭇가지 흔들고
토담 오른 담쟁이 양지의 볕 잃는다

담쟁이길

뒤 돌아보는 낮은막 담길
바라보는 앞 가깝고
빨간 무늬에 젖는 마음
돌아서니 다시 멀다

밟히는 가랑잎 깨어지는 소리
이 담쟁이 잎 떨어지면
누가 밟아 어디로 갈까
바람 안고 걷는 담길

바람 휑하니 마음 빼앗기고
내려온 옷소매에 움추려드는 몸
나 아는 이 누구요
누가 나를 부를까

가을의 양지

부채질로 보낸 여름
그래도 찬물 끼얹는
여름이 좋았는데

멍석 펴놓은 밤하늘
삼복 다림의 과일 채소
문간 바람은 어떠 했나

툇마루 밖 옥수수
뒷결 울 매미 울음
그 소리에 스르르 잠들지 않았나

어머니의 타작

기우는 해에 저녁 양지 바르고
산 넘어온 구름
바람 몰고 들어온다

이 그네로 훑는 벼
가마니가웃 될까
아직 남은 볏단 언제 다 훑나

집에 가자 우는 아이
불어오는 저녁 바람
볏단의 양지 저물어간다

낙엽

그렇게 왔다 가는 것을
그래도 단풍일 적
나무 끝이 있었는데
털어대는 추운 바람
어디로 가라 하나

그렇게 밤낮으로
굴리니 굴러야 했고
굴러 닿은 이 곳이
그 봄날의 꿈이었나
빼앗긴 공간 어떻게 찾나

들국화

서리 내려 시리고
바람 불어 추웠다
이 향기 며칠될까
들어오는 저 구름
들국화 둑 가린다

새우젓의 노을

새우젓 사요
새우젓
육젓이요
새우젓

문전박대에
저무는 길
새우젓 함지
노을에 젖는다

찬 서리

기다리던 봄
지나간 여름
기다리지 않아도
찾아온 가을인가

바람 쓸쓸히
마음 빼앗더니
단풍잎 털어
길가에 굴리고

귀뚜라미 보낸 뜰
낙엽 모아 쌓는다
언덕배기의 들꽃
지워지는 황금 들녘

가을은 그렇게
모두를 빼앗나
찬 서리에 들국화
바람에 떨고 있다

낙엽의 하늘

바람이 모는 구름 어디로 가나
낙엽 우수수 길가에 나뒹굴고
11월의 쓸쓸한 길 바람 스며든다

더움과 추움이 오고 가는 계절
느낌도 마음도 이맘때면 다 그런가
잃은 것이 무엇인지 알 수 없는 마음

주머니에 손 넣으니 아무 것도 없고
추린 마음 가다듬어 꺼내어보는 길
그 마음 수심 근심 낙엽 따라 구른다

서방님의 길

서방님 따라 찾은 이곳
그 해 봄이 몇 해인가
오는 길 찔레꽃이 그렇게 예뻤고
둘러보는 산 마다 모두 낯설었는데
하늘은 안 그런가 보는 하늘도 그랬었지

들고오는 보따리 무겁다 투정하면
그 투정 받아주던 우리 서방님
때 잃어 늙는 몸 홀아비면 어떤가
누가 볼새라 먼동에 나서는 길
몇 십리 밖 이곳 나 여기 왔는 줄 누가 알겠나

오다가 다리 아파 다리 아프다 하면
쉬었다 보는 이 흉이 될까 잡은 손 떼어놓고
다시 잡아 오른 언덕 날저물던 날
서방님 외갓집이 얼마 남았나
사랑채 골방 찾아 따라온 운명

골방 둥지 흙 벽에 종이 바르고
풀어놓은 보따리에 치마 저고리
한 벌밖에 더 무엇이 있었나

아 그것도 있었구나 몸 치레 할 베보자기 구르무 한 병
그래도 그 보따리가 그리 무거웠는지
풀어놓으니 이제 어느 운명이 시작 될까

이웃 새겨 인정 받고 희생 봉사로 살아온 인생
덥고 추운 날이어도 그 둥지가 좋았는데
보름이면 달빛 휭하니 달을 바라보았고
삼복 더위 덥던 날 마당 멍석의 이웃 인심
추운날엔 군불로 따뜻한 방이었지

봄 여름 가을 겨울 희생으로 얻은 인심
지금에와 누구 어멈 누구 할미 누가 찾나
지나보니 그렇게 멀고도 먼 세월
빠진 이에 흰 머리는 왜 그렇게 잘라 짧게 만드는지
꿈 같은 날에 짧은 세월 점심 나절 단몽인가

나 데리고온 서방님 되는 노릇 없이 떠나 미안 하고
그런 병 얻어 떠나니 이 세월도 낙엽지나
늙어 찾는 서방님 세월 앞에 부끄럽구나
마음 젊어 찾는 서방 능수버들 봄 버들아 이 마음 읽겠니
바람이 굴리는 대문 밖 낙엽 서방님 걸어온 길 찾는구나

가랑잎

내일을 찢는
밤바람 설거지
구르는 가랑잎
오늘을 찢는다

가랑잎 사랑

쓸쓸한 바람
가랑잎 나뒹굴고
야윈 모습에 잡은 손
마음 따뜻하다

옷 여미어주는
먼 훗날의 약속
누구의 사랑이
이만이나 따뜻할까

바람 안고 걷는 길
더 따뜻한 행복
둘만의 영원한 길
가랑잎에 묻는다

낙엽 한 잎

이 낙엽에 무늬의 글
누가 읽어 헤아릴까
주워든 낙엽 한 잎
커다란 잎도 아니다

벌레에게 빼앗긴 날
병들어 지워진 글
이 사연의 많은 글을
어떻게 다 써넣었는지

빼앗기고 지워져도
그 흔적 남아 있고
개울물에 띄워도
여운의 글 남는다

사랑의 슬픔

기억의
우리 그 먼 훗날

사랑해
사랑해

추억이 보낸
그때 그 순간들

사랑해
사랑해

가랑잎 길

바람 휭하니 가랑잎 나뒹굴고
여기의 나 누구인 줄 모른다
딛는 발에 밟히는 가랑잎 부스러지는 소리
내가 누구인지 나를 알 수 없는 건가
얼마쯤 더 걸어야 나를 알 수 있을까

빈 주머니에 손넣어 움추려드는 길
나 가는 곳 그곳 이길 이어 야만 하는 건지
돌아보면 함께 가자 가랑잎 따라오고
석양의 저녁바람 어디로 가라 하나
오늘 하루 이름 짓는 저녁 해에 묻는다

상처의 가을

시골뜨기의 먼 가을 몇 번쯤 될까
그렇게 수 없는 가을 이것만
기억에 남는 가을 몇몇일 뿐
모두는 모아져 때 없이 스쳐간다

가을이면 가을이 더 생각 나는 옛 가을
초가을은 그런대로 먹을 것이 많았는데
늦가을 끝자락은 바람부터 괴롭힌다
낙엽 우수수 누더기에 스며드는 바람

그 상처는 벼 이삭이 소쿠리에 모으고
배고픔의 부족함은 짚까리 양지가 안아주었다
이제 다 흘러간 부엌 연기에 끄을린 가을
희미한 그 세월 가랑잎 되어 구른다

엄마의 달

우리 초가 둥근 박
달맞이 하고
나 업은 우리 엄마
그 달 바라보았다

서성이는 우리 엄마
자장가에 잠드는 나
뜨락 휘영청
지붕 뒤로 넘어갔다

가을 뜨락

양지바른 초가을은
맨드라미가 피었는데
늦가을 끝자락에는
낙엽만 쌓여간다

나뭇가지 털어대는
이 찬바람 언제 멎나
방향 없는 낙엽
이리 저리 구르고

대문 삐걱 시간 닫는 소리
휘젓는 부엌 연기
누구 눈에 들어갈까
마른 낙엽 그 한 세월 땅 바닥 긁는다

까막개미

저 먼 섬 그리움
그대로 남아 있고
들어오는 파도
옛 마음 읽는다

나 태어난 이곳
여기에서 자라났나
쓰러진 집 기둥 몇개
긴 석가래 나뒹굴고

쌓여있는 굴 껍데기
그 복숭아 나무
나의 소꿉 놀이터에
까막개미가 부른다

가을 구름

초가을 구름은 그리 높았는데
늦가을 낮은 하늘은 그렇지 않다
그저 쓸쓸한 바람만이 나뭇가지 털어대고
비 올 듯 날이라도 흐리면 마음부터 춥다

오가는 이 마음도 내 마음 같을까
털리고 떨어지고 굴리고 쌓이고
늦가을 찬바람은 꼭 그렇게 짓꾸져야 하는지
비라도 뿌려대면 손넣은 주머니의 손 젖을 것 같다

• 2부 •

11월의 밤

기우는 11월 가랑잎 구르고
두 일해 남은 마지막 날에
그 한 달 남은 일 년인가
아쉬움의 그 시간 빈 손에 모아진다

흘러간 쭉쟁이의 시간
숨겨둔 욕심의 그릇 어디에 두었나
알맹이 찾으려 흘려보낸 시간들
돌아보면 먼 연줄에 가물대는 연 같고

끊어질 듯 그 많은 시간 기억에 없다
그저 쭉쟁이 시간에서 얻은 알맹이
이 몇톨도 내 입에 몇 알이 들어 갈까
그 욕심의 그릇 찾아도 채울 것이 없다

학교길

둘러멘 책보자기
연필 흔들리는 소리
앞 단추 떨어져
찬바람 들어오고
틈어진 그 바지가랭이에
어찌 시렵지 않았을까
늦을세라 뛰고 더 빨리 뛰었다

윗도리 아랫도리
홋겹데기의 주머니
틈어진 주머니의 계란
어디에 떨어뜨렸나
공책 없어 선생님께 혼나고
집에 돌아오니 사탕 사먹었다
그날 저녁 못 먹고 집에서 쫓겨났다

겨울 생각

들어선 겨울 문턱 얼마나 추울까
가늠 되는 찬바람 문틈으로 스며 들고
휘젓는 부엌 연기 잿티 몰고 나온다

바람이 굴리는 마당의 가랑잎
젊어서도 늙어도 이맘때면 이리 시려운 것인지
넉넉해도 그 시려움 옷깃에 스며든다

더 추워 눈 쌓이고 바람 몰아치면
우물둥치의 시려운 손이 그 손만이나 시려울까
부족했던 우리 아이들 잘하고 잘사는지

옛 생각에 젖은 눈 마른 눈물 나오고
뭉치는 몸에 남은 세월 그 아이들 걱정일까
쓸쓸히 해 지는 뜰 낙엽 굴러 쌓인다

문밖

늦가을 그 며칠도
다 눈에 덮힐 것을
나오고 들어가고
그 아우성이었나

털어낸 나뭇가지
파랬던 나뭇잎들
단풍에 낙엽으로
어떻게 되었나

봄부터 피고 진 꽃
열매 씨앗 떨어지고
사람이 모은 시간
어제가 덮지 않았나

작은 그리움

먼 훗날처럼 그 옛날
작은 그리움이 있었지
겨울이면 찾아오는
외로운 그리움

짚까리 양지에 앉아
먼 하늘 바라보던 날
나뭇가지에 걸쳐진
실가닥의 가느란 날인가

살며시 찾아오는
먼 훗날의 그리움
그 기러기 어디로 가는지
내 먼 훗날 잊지 않았겠지

계절의 시간

피는 꽃 철새 불러 넘나드는 시간들
종달이 소쩍새 봄 처녀 따라가고
뜸북이 뻐꾹새 총각 머슴 따라갔다

높고 낮은 기러기 울음 저녁 나절 어디로 가나
벼 이삭 줍는 아이 쌀 됫박 꿈 모으고
모은 꿈 바라보며 서산 멀리 산 넘는다

쌓인 눈 소복이 부엉이 우는 밤
달빛 어린 고목 부엉이 잠재우고
아랫목 아가의 꿈 부엉이 따라 떠났다

꽃은 철새 불렀어도 꽃 못 보고 떠난 철새
그 철새 기약이 있어 꽃 못 보고 떠났나
그림자로 보는 시간 세월만 간다

사람

서산에 떨어진 해 어디로 가라 하나
몰아치는 찬바람 찾아 갈 곳 없고
넘는 해 양지 거둬 어둠으로 가린다
소나무 밑 칼바람 보이는 짚까리
모락 모락 저녁연기 뉘집 저녁인가
기댈 곳 없고 의지 할 곳 없는 몸
저 짚까리 포개면 하룻밤이 될까
찾은 집 문전박대 말 한마디에 서운하고
허기에 스물스물 누더기 옷이라 긁어지나
어깨 언저리에 잡히는 이 무엇을 더 빼앗을까
짚까리의 모진 냉기 옷 속으로 스며들고
운명의 밤 웅크린 몸 하룻밤 꿈 기다린다

어머니의 절기

봄부터 짚어온 할 일 많은 절기
여름 끼어있는 지난 절기는 해야 할 일 많은 절기였고
늦가을 그 잠깐 초겨울은 더 겹친다
안팎으로 거둬들이는 추위의 겨울 준비
텃밭에 배추 무 김장이 제일 큰일이다

여러 아이에 미운 놈 효도 하는 놈
잘사는 놈 못사는 놈 둘째로는 모지리
이 아이들 여러 형제 에미 생각이나 한 번 할까
내 저희들 키우느라 고생 좀 했지 아무렴 많이 했지
보릿고개에 봄부터 있는 것이 뭐 있었나

그래도 흉내 내느라 이웃 품팔이에 안 해본 것 없었지
이 텃밭도 그렇지 내 주름에 흰 머리 여기서 생겼는데
배추 포기에 포기 세니 몇 집으로 나눌까
씻어 절궈놓으면 얼마 않될텐데
그래도 넣은 속에 못사는 놈 좀 더 줘야 되겠지

짜놓은 들기름 손주 몫의 참기름
참기름은 한 집 것이고 들기름은

반병 칠홉 고춧가루와 돌리면 되려나
며칠 후 무밭에 무 뽑을 어머니
배추 포기 세어보니 배추가 모자란다

먼 생각

모아지는 저녁 마음
서산에 노을 지고
먼 기억 희미하게
나뭇가지에 걸쳐진다

기억에 그 마음
그래서 그랬을까
희미한 그 옛날
노을에 얹으니

후회와 서운함의
그늘진 기억인가
나뭇가지의 새 한 마리
지는 노을 바라본다

고향의 눈

온세상 하얀 세상
눈 희어 돌아보면
발자국 따라오고
바라보는 우리 동네
지붕 마다 소복하다

모락모락 저녁연기
집으로 돌아갈까
아직은 이른 저녁
더 멀리 걷고 싶고
보이는 굴뚝 빨리 오라 한다

모닥불 인생

눈 소복이 파란 하늘 인생을 배우던 날
피워놓은 모닥불에 먼 훗날을 태운다
옷 소매에 붙은 이 잿티 무엇을 가르치고
이리 저리 휘젓는 연기 무엇을 가르쳤나
흐르는 눈물에 터는 마음을 배웠다

돌려 쬐는 시려운 발 손 마디에 묻은 검정
눈 뭉쳐 닦으니 숯검정이 어떠 했나
깨끗함을 배우고 따뜻함을 배웠다
거치른 세상 냉정한 세상 나 아는 이 누구요
이 빈손에 빈 주머니 누가 나를 찾아 줄까

허기에 보는 하늘 한 조각 구름 흘러간다
저 구름 산 넘으면 다시 이 자리 찾을까
세월을 배우는 몸 넘는 해에 시간을 배우고
꺼져가는 모닥불 뒤적여 불똥 튀니
급한 마음 나 묵을 곳 어둠을 배웠다

하얀 그리움

딛는 발 하얀 길
발자국 따라오고
보이는 하얀 세상
그리움 다가온다

나뭇가지 눈 소복이
그리움의 하얀 세상
아무도 없는 길
외로움 앞서간다

첫닭의 꿈

잠결에 첫닭 울음 하루가 시작 되나
엎치락 뒤치락 일어나기는 이르고
먼동에 닭 울음 새벽을 알린다
겨울이어도 해야 할 일 수두룩한 하루
앞산 메갓 나무짐에 짚추려 멍석 짜기
가마니틀 준비에 새끼 꼬아 오는 장 기다리기
여물광에 여물이 얼마나 남았나

새벽녘 쇠죽 쑤어 누렁이 소 쇠죽 주기
이래저래 바쁜 하루 이 일을 언제 다 하나
눈이라도 내리면 아이들은 좋것만
안팎으로 눈 치우려면 그것도 큰 일이고
흐릴 날 꾸물꾸물 저녁 바람 들어오는구나
힘들어 출출한 참 어디에서 얻어 먹나
이웃집 제사에 한갑 날이 기다린다

노을의 밤

지는 해의 겨울 저녁
나뭇가지 쓸쓸하고
집 찾는 새 외로이
서쪽 하늘 바라본다

구름 없는 저녁노을
뉘집 지붕이 하루가 될까
초가의 굴뚝 앉은 새 기다리고
끊어질 듯 저녁연기 바람이 지운다

옥춘의 슬픔

짧은 사흘인가
왔다가는 한세상
이렇게 짧을 것을

그 잠깐 그 세월이
그렇게 길다 했나
첫닭 입관 자리걷이

그 세월에 꽃무덤
뒷산 자락 찔레꽃
그 피는 찔레꽃을 몇번 보았나

두고가는 제 운명에
보리밭 호미자루
떠나는 한세상 설기도 서럽구나

사자밥 휘젓는
저 아이가 뭘 알겠나
옥춘 물려 내놓으니 좋다구만 하는구나

보내는 11월

물들인 시월이 물러나더니
11월은 지우며 털어대고 굴린다
자연은 이렇게 냉정한 것인가
산과 들 어느 곳 하나
끝 아닌 것이 어디에 있을까
굴려 쌓아놓은 것도
다시 굴려 모으고
보는 낙엽 마음도 쓸쓸히 저문다

찾아올 눈보라 쌓여 있을 눈
올 겨울 추위는 얼마쯤 추울까
나뭇가지에 걸친 옛날
그만큼이나 추울까
가늠으로 느낀 추위 마음부터 시리고
옛날이라 해도 그 바람 불어온다
버리고 잊어도 찾아오는 옛 겨울
홋껍데기의 몸 저녁연기 바라본다

여우의 달

마지막
젖 안 문다
물리는 우리 엄마

쓸어내린
눈꺼풀
이제 그만 덮어줘

엄마
떠나는 나
가슴에 묻지마

첫닭에
두르마리로
지게에 얹힌 나

묻은 양지
그 메갓
그곳에도 오지 말고

그러구 그러구
나 없다 울지마
나 달뜨면 엄마 품에 있으니까

고구마의 일기

위 아랫목의 큰 안방
아랫목에 묻은 밥 식지나 않을까
저 앞산 응달의 눈 언제 다 녹으려나
수수깡 엮어 넣은 겨울 군것질
이 고구마 다 내려가면
장독대의 매화 난 봄을 알리겠지
윗목 시루의 콩나물 잘도 크는구나

끓어 넘는 술 항아리 사흘이면 될 것이고
화롯불에 묻은 서너개의 큰 고구마
아이들이 알면 그냥두지 않겠지
익지도 않아서 꺼내어 들고 싸울텐데
문밖 마당 하얀 눈 많이도 내렸네
썰매 들고 나간 아이 언제 들이닥칠까
익어가는 고구마 아이들 기다린다

시린 그림

눈 소복이 하얀 세상
옛 겨울 그대로 그 그림 그릴까
포근히 함박눈 내려 지붕 하얗고
초가 양지의 고드름 눈물 흘린다
보이는 산과 들 얼마나 더 하얄까
저녁 무렵 바람 불어 날리는 눈 가루
소나무에 쌓인 눈 하얗게 날린다

살 도리는 바람은 무엇으로 그리나
흩어지는 저녁연기로 대신 그릴까
끄을린 부엌 그림 방 안의 화롯불
문풍지에 부엉이는 배고픔으로 하고
김치죽 한 그릇으로 밤샘 하는 겨울 밤
눈물도 웃음도 모두 시리고
불 아궁이 들여다 보며 먼 훗날을 태운다

12월

더하고 빼고난 날에 1년의 마지막 달인가
12장 달력이 그렇게 두텁더니
벽에 붙은 1장이 남은 날을 짚어준다
빨간 글씨마다 이리 빼고 저리 감추었던 날
일터의 까만 글씨로는 무엇을 했나
귀 닫고 눈감으니 채울 욕심만 널려 있고
조용히 돌아본 날 그 욕심만 들고 왔다
그 많은 날 흘리며 달려온 12월
이제 다 찢어버린 달력의 날인가
이 남은 1장의 날이 며칠이 될까
오늘도 무거운 마음 그 하루가 저문다

• 3부 •

아시나요

지나는 구름 양지 가리고
음지 된 양지 바람까지 더 춥게 만든다
내릴 눈의 구름이라면 이리 추울까
그것도 아닌 구름에 바람까지 몰아친다

나뭇가지에 다 못 떨어진 팔랑대는 낙엽들
눈으로 보라 하나 더 시리게 만들고
느낌의 몸 추워 웅크려져 오그라든다
소나무의 칼바람 초가 지붕 들추는 모습

여기에다 해 기울어 저녁연기 흩어지면
잠 안 오는 허기의 긴긴밤 내일이 두렵고
양지 잃은 양지의 피 말리는 서로움인가
까막고무신에 고드름의 눈물 얼어붙는다

프랑스 사랑

몇 일의 설레임인가
비행기 꿈 유럽문화의 꿈
4개국 중 도착한 프랑스였다
노을진 프랑스 국제공항

여기가 그 유명한 프랑스이고
좋다 하는 파리의 슈퍼 세느 호텔인가
문화에 적응 하려하니 조심스러웠고
실수할까 숙식에 신경이 쓰여졌다

프랑스의 어색한 밤
휴게실 한 곳에 앉아 커피 한 잔 마시니
호텔 안내 아가씨가 말을 건넨다
눈짓 손짓 언어로 주고 받는 말

무슨 말을 하는지 알 수 없는 언어이고
서로가 눈빛 직감으로 주고 받는다
이 표정으로 하는 말 알아 들을까
나는 눈치로 알아 들을 것 같았다

미소 띤 붉힌 얼굴에 밝은 표정의 그 모습
무엇인가 서로가 서로를 읽는 마음
알아 듣지 못해도 그 마음 읽을 수 있었고
읽는 중 러브 러브 좋아 아니 사랑 한다는 뜻일까

사진 찍자 하여 찍은 사진
그 뜻이 무엇이고 영원히 숨겨 간직 해야 하나
사랑 한다는 것인지 다음을 남긴 것인지
찍은 사진 그 한장에 숨긴 여운을 남긴다

회고

누가 그 세월을
얼마나 알겠나
웃음으로 감춰온
그 세월을

모이면 안개 덮어써 가며
흩어져 구름으로 덮는 사람
드러날 바닥에
무엇이 놓였던가

놓였어도 그것은
같은 시간의 속임일 뿐
안개 구름이 덮었다
그 시간이 멀다 할까

고향의 눈

흰 두루마기의 우리 할아범 어디 가시나
보이는 저 들녘의 눈 더 하얗게 눈부시고
좋다 뛰는 아이들 발자국 남기네

뒤 따르는 검둥개 덩달아 뭐 저리 좋은가
지붕마다 하얀 지붕 내린 눈에 더 내리려나
나무 꼭데기의 까치 아까부터 계속 짖네

부엌문 앞 쥐 발자국 광으로 이어지고
장독대 울타리 변소지붕까지 수북히 쌓였네
내 이웃 집 마실가면 그 발자국도 찍힐까

요 며칠 나무 짐 내려놓은 아이들
아범 하고 어디가 미꾸라지 좀 뒤져오면 좋으렴만
저 메갓 뒷산 길도 눈 소복이 하얗구나

해 기울어 저녁 되면 군불을 어떻게 하지
아이들 보고 청솔 쪄오라 하면 앙살 하고 도망갈 것인데
저 기와집 쇠죽 쑤나 어느새 저녁연기 지붕 위로 솟는구나

나뭇가지

저무는 오늘 하루 석양에 물드나
석양의 나뭇가지 무엇을 바라보나
한낮 앉힌 새 한 마리 머물지 않고
앉은 가지 남겨두고 어디론가 날아간다

쓸쓸한 나뭇가지 내일 그렇게 쓸쓸해야 할 나뭇가지
마지막 보내는 해에 무엇이 걸쳐질까
보이는 낮이어도 보이는 것 없고
해 떨어져 노을 저도 보이는 것 없다

하얀 사랑

그리워 돌아보는 잊어야 할 옛날인가
그리는 모습마다 아련히 스쳐 가고
미워했던 날이라면 좋아했던 날 잊어질까
연줄에 매달린 정 나뭇가지에 걸쳐진다

이 하얀 눈밭 위에 남겨진 발자국
딛는 길 멀어져도 뚜렸이 남는 발자국이것만
미움의 그 모습은 어찌 그리 흐려져만 가는지
그리움의 옛 모습 이 눈밭 위에 그려본다

12월의 일기

처음은 그렇게 날짜만 보였는데
중순이 가까워오니 시간이 보인다
미루었던 일에 이럭저럭 중순 넘으면
그 시간도 더 가까이 남은 시간 다 가겠지

보내는 한해라 하니 이제 남은 시간이 며칠이 될까
근심도 한몫 하늘 한번 더 바라보게 되고
이렇게 빠른 것이 시간이고 세월이거늘
12월이라해도 아직이라는 여유가 조금 남아야 했는지

그 한 달 또 한 달 짚지 않아도 가는 세월
거울은 아는데 보는 나는 왜 몰랐나
어쩌다 주름 하나 흰 머리에 놀라 보면
그제서야 되돌아보게 되는 늙는 내가 아닌가

샛길의 노을

보는 이 없어 산등성이에 오르니
길 많은 운명의 길
하루 해 저물어간다

함께 가자 따라오는 문간의 누렁이
떼어놓은 정에 끌려
여기까지 와야 했나

때려주며 쫓아도 따라오는 누렁이
먼 발치서 바라보며
그 나눈 정 걷어간다

가자

언제부터인가
노루 꼬리 당기는 저무는 시간
다가온 한해가 또 저무는가

보내고 맞이해야 하는
나뭇가지 같은 마음
거칠 것이 무엇이고 이 자리가 어디인가

젊어 기다림이
언제였더냐
건너 뛰며 기다린 새해가 아니었나

이 발 딛지 않아도
가야만 하는 길
무엇을 돌아보고 어디로 가고 있나

12월의 송년

기억에 실리는 12월인가
남은 며칠도 기억의 그날도
가물가물 가느라니
남은 시간 지워진다

큰 기억 밖에 없는 1년
나머지 잃은 날은
어느 시간에 숨어 있나
12월 끝자락 나뭇가지에 걸친다

겨울 산

나무짐에 오르내리는 산
이 산마루턱이 나의 고향이고
저 보이는 하얀 들녘이
그 뜸북새의 고향인가

높은 산 낮은 산 보이는 하얀 들녘
뻐꾹새 울던 이곳
여기 이곳도 올려본 산이었고
땀 식히며 둘러보는 우리 집 우리 동네

마루턱에서 내려보면
늘 새롭기만한 나 사는 곳
응달 녘 하얀이 노루 양지 눈 녹고
어느새 집집마다 저녁연기 오른다

12월의 기도

믿는 것도 없다
기댈 곳도 없다
그저 아픈 마음 하나
하늘에 비춰보는 것일 뿐
어느 것을 위해 무엇을 빌어볼까

큰 욕심도 아니고
못 이룰 꿈도 아니다
나 하나의 작은 소망
그 상처를 아물게 할
옛날을 지우려는 것이다

다 가버린날의
저무는 12월인가
무엇을 더 하늘에 올려볼까
이제 아무리고 다 잊어야 할
모두를 모아 하늘에 올리는 것 뿐이다

무거운 송년

무거운 송년
언제부터 느껴온 무거운 송년인가
새해 맞이 기쁨에 즐겁기만 했던 날
캐롤송에 마음 들떠 거리를 누볐고
고상한 척 친구의 마음도 나에게 데려왔지
고상한 척이라하기 보다 낭만의 밤이었고

못 잊을 기억들
이제 모두가 추억으로 덮혀 가나
다시 들춰보면 그림이 되는 추억의 밤
그 흘러간 세월에 못 잊을 고상한 밤
가라앉는 마음에 옛 사랑 스쳐 가고
무거운 송년의 밤 오는 새해 외면한다

고향의 겨울

지워진 우리 마을
하늘의 구름 흘러가고
오르내린 산 그대로
다녔던 길 없어졌다

추억으로 더듬는
눈물 어린 고향인가
초가의 삐뚤은 굴뚝
썰매 타는 아이들

밥 먹어라 옷 입어라
우리 엄마 부르는 소리
집집마다 저녁연기
까치의 노을 바라본다

눈

먼 하늘 멀리 바라보면
눈 언저리에 쌓이고
가까이 나뭇가지 위
외로움 섞여 쌓여간다

송년

가는 한해 오는 해
또 한해가 저무는가
몇 번을 보내고
얼마를 맞이 했나
떠나면 찾아오고
찾아오면 떠나고
그렇게 오가는 것이
세월이고 시간인가
기다리지 않아도
찾아오고 가는 세월
그 흔적 어디에 어떻게 남겼나
모두 모아 나뭇가지에 올린다

초승달

어느 별이 내 별일까
마중나온 초승달
나뭇가지에 걸치고
세는 별 하나 둘
눈에서 멀어진다

시샘하며 숨어간
나뭇가지의 초승달
보름달로 들어차
마당 뜨락 비추더니
그 다음 지붕 넘어 그 흔적 흐린다

송년의 얼굴

나뭇가지에 걸치는 희미한 기억들
걸쳐질 그 옛날 무엇이 걸쳐질까
이름은 그런데로 기억 하겠는데
얼굴은 왜 그리 흐려져만 가는지
그마저 기억에 없는 얼굴 잊어야 하나
가는 날짜 오는 시간에 묻어간 세월
코흘리게 기억까지 나뭇가지에 걸쳐지고
매달린 내일도 바람에 팔랑 된다

뚜렸이 남아 있는 미나리밭 개나리
뒷동산 진달래 마을 어귀 복숭아꽃
여름날 앞냇가 가을 들녘에 메뚜기들
이 모두 떠난 철새들은 기억 하고 있는지
모으는 세월 함께 놀던 동무들
안 잊는다 하면서 다 잊혀져 미안 하고
다녔던 곳 뒷산 길 물놀이의 앞냇가인가
철 따라 피었던 꽃 그 꽃들만 어린다

약속의 송년

보내지 않아도
떠나야 하고
아쉬워 붙잡아도
가야만 하는지

이 시간도 그렇게
흘러가는 것을
나 여기에 서서
무엇 하고 있나

보는 해 기울어
서산에 걸치고
저무는 이 마음도
함께 따라 걸치는데

연화장

나
가리
돌아가리라

이
불 속
내 뼈 모아

나
다시
돌아가리라

• 4부 •

시간의 송년

간다 하더니 사나흘
또 한해가 저무는가
기다림도 아니것만
오늘이 그 사나흘
그 사나흘 이 손가락안
몇 시간이 접히던가

깎아대는 운명의 시간
세월은 덮어가고
덮어도 못 덮는 운명
그 시간이 몰랐을까
돌아보면 긴긴 시간
사나흘에 감겨간다

겨울 소리

들린다
그 세월의 끝자락
설한풍에 그 먼 소리

소나무 스쳐가는 칼바람 소리인가
따라 우는 문풍지 미닫이 문 흔들고
울 밑 고목 부엉이 밤새워 우는 밤

옥양목 다듬이질에 어머니의 방망이 소리
그 소리 이웃 담 넘어 어디로 가나
달 보고 짖는 개 멈추지 않는 밤

큰 기침의 이웃 어른 누구네 집 다녀 갈까
덕석 입힌 누렁이 소 추워 그러나
성에 낀 코뚜레에 워낭 소리 잦아들고

등잔불 밑 먹을 것에 아이들 싸움 소리
담 넘어 오는 간난이의 울음 어디가 아파 우나
그 아이 걱정에 어머니들 잠 안 오는 밤

곡소리 굿 소리 첫닭 울음에 새벽 여는 소리
여닫는 솥 뚜껑에 우리들 일어나면
게으름뱅이 안 일어난다 부지갱이로 더듬고

쇠죽 솥 솥뚜껑 소리에 누렁이 소 즐거우니
누룽지 긁는 소리에는 누가 즐거웠나
담아 들인 화롯불에 된장찌게 끓는다

송년의 굴뚝

먼 고향
가까이
나뭇가지에 걸치고

떠오르는
동무 얼굴
그리워 찾는다

놀던 곳
그 꽃들
어찌 옛날을 잊을까

송년의 메아리

다사다난
아우성
이 한해가 저무는가

크고 작은
아우성
무엇이 그리 잘못됐나

웃음 잃은
아우성
네 탓의 소리 높아라

그 아우성
모으니
모두 거둬 가거라

닭 소리

닭이 깨운 탓 많은 해
이 한해가 가는가
2017 나라 안 밖
그 아우성 어디에 숨어드나

지는 해에 묻어 넘어
얼룩져 떠나는 해
개 달 보는 2018
다시 오지 않을까

미화원

내 몸의 때 벗겨내고
생활에서 버린 것들
씻기만 했나 나오니 버리고
이 모두 모으면 얼마나 많은가

더러워 버리고
싫어서 버리고
흘리는 것 까지
어디에 버렸나

더불어 사는 세상
함께 가야 하는 길
양심까지 버렸으니
누가 모아 치웠나

빗자루 눈 높이
낮춰보는 사람들
안 버리고 안 씻으면
낮춘 눈이 높을 것을

새해의 연

하늘 높이 띄운 연
2018 밝아라

꼬리에 매달린 날
가물가물 흩어지고

풀을 수록 긴 연줄
더 풀어 달라 멀어진다

바람에 갸웃둥
곤두박질에 오르는 연

이 줄이 짧다 할까
무엇을 말하려나

새해의 흐림

맞이한 새해 마음이 가볍기만 하겠나
무거운 송년의 마음 보다 더 먼 날이 무겁고
바람 소리에 들리는 근심 나뭇가지에 걸친다
다가올 일 해야 할 일 큰일 작은 일

이 모두 몸으로 해결 되면 미루지 않겠는데
달마다 주눅의 날로 가득 차지나 않을까
시간 셈 안 빈 주머니 무엇으로 어떻게 하나
희망으로 내디딘 발 엿튼 구름에 덮여간다

2018 년

밝아온 2018
새해 첫날 보름달에 마음 모으고
새벽녘 지는 달에 하루를 담는다

첫날 밤의 저 보름달
다 잊고 잊어야 할 그날들인가
작은 희망 하나 올려 내일을 묻는다

썰매의 기억

하얀 눈밭 그 시절 옛날을 모은다
점심 나절 고개 넘어 차 구경 다니고
어쩌다 아랫마을 도락구(트럭) 들어오면
그 도락구(트럭) 뒤 쫓아 뛰어 갔었지
굴렁쇠 굴리며 동네 한 바퀴 돌아오고

차보다 빠른 것이 무엇이었나
얼음판 위 썰매가 그리도 빠르던지
개울로 논으로 썰매 타러 다녔고
방앗간 머슴 아저씨 마차 끌고 돌아서면
마차 꽁무니 따라가 아저씨 몰래 올라 앉고

남매의 밤

지금도 그 아이들 그렇게 사는지
그래도 저녁이면 연기 피어 오르고
호롱불 가물가물 부엉이의 밤 밝힌다

단발머리의 코흘리게 무엇을 잘못했나
지나다 보면 울기도 설게 울고
지게에 올린 까치둥지의 나뭇짐
오빠의 그 나뭇짐으로 아랫목이 따뜻할까

부엉이가 지켜보는 설한의 섣달 밤
코흘리게의 단발머리 언제 길어 시집가나
설한에 코흘리게의 슬픔 등잔불이 헤아린다

겨울 바다

다녀간 이 없고
찾는 이도 없다
파도에 묻히는 여름날의 추억
누구의 흔적이 여기에 남을까

파도 소리 쓸쓸히
그 흔적 찾는 듯
밀려온 겨울 파도
옛날을 휩쓴다

주막의 정

아궁이로 나오는 연기 언제 들어갈까
저녁 바람 이리 저리 연기 밀어내더니
불던 바람 잦아들어 새 아침이 밝는 구나

오늘이 소 장날 들려갈 이 누구인가
점심 밥 순대국에 항아리 가득 막걸리 걸러놓고
술안주감으로는 녹두전에 비게살 삶으니
오늘 이만하면 이 대목에 다 팔릴까

그 아범도 오늘 여기 들려가면 좋으련만
요 몇달 보이질 않으니 어디 가서 죽었나
가마솥 땔나무에 항아리 큰 독 옮겨야 하는데

한참 나이 그 아범 계집 잃고 고생하더니
어디 가서 죽었나 딴계집 데리고 떠났나
머슴살이 떠돌이로 안 간 동네가 어디에 있나
남의 집 보낸 아이는 데리고 사는지
아주머니 근심 걱정 저녁 해 바라본다

양지의 고독

추워 찾은 여기 이곳
나 밟은 흙 뒤적이며
무엇을 그리나
이름도 아니고
그리고 싶은 그림도 아니다

그저 동그라미에
나 모를 발의 낙서
모은 흙 누르고
헤쳐 긁어 모으고
발이 그리는 마음의 낙서일까

모를 마음 먼 산 바라보다
새 한 마리 보내고
나 잃은 나의 마음
발 빌어 머문 양지
모를 이 마음 허공을 떠돈다

남북회담

서로 들어내고
우리 이제 합치자

널름대는 이웃 나라
비웃음의 구경거리

우리 민족 남과 북
이제 우리 합치자

추억의 눈

그 시절 그렇게 눈이 많이 내리더니
이제 그 눈도 그리 많이 내리지 않는구나
세월에 계절도 길고 짧은 것 같고

바람이 털어대는 앞산 기슭 눈가루
빈 지게로 산에 오르면 목덜미로 들어갔지
빠지는 발 떼어 다시 딛어 오르는 산
바람에 몰린 눈 종아리 무릎에 차올랐고

들길 산길 웅달녘 지붕 웅달까지 쌓였던 눈
그 많은 눈 섣달 정월 보름에도 하얗는데
비 내리는 한겨울 하얀 겨울 그때가 언제였던가

사랑 이야기

이름은 그 시간이 말해주는데
모습은 어찌 흐려져만 가는지
어제 같은 먼 옛날 멀어진 그날
어렴풋한 그 많은 기억 잊어야 하나

꽃잎에 어리는 아름다웠던 날
봄날에 여름의 꽃은 누구의 모습이었나
그 꽃은 철 따라 어제 오늘도 피련만
속삭임 길 엿듣던 새 어느 길 찾아 갔나

고갯마루

채워도 비워도
해 기울 듯 저문 인생
넘고 넘은 인생 고개
여기가 어디인가

하나 얻어 돌아보면
둘을 잃고 가는 길
무엇을 더 얼마를 얻겠다고
여기에와야 했나

추운 날에 뜨거운 날
이 거치른 세상
아직 남은 운명의 길
더 가야 한단 말인가

창밖의 마음

내리는 눈꽃 송이에 마음 가라앉고
홀로 웃음의 비웃음에 눈물 흐른다
덮어도 드러나는   히며 참아야 했던 시간들
흘러간 그 세월이 헤아리고 떠났을까

눈송이에 묻어내리는 아련한 시간들
섞이는 웃음은 무엇이 즐거웠었나
좋은 일 궂은일 잊어야 하는 일
내리는 눈꽃 송이 그 먼 시간 덮어간다